Le petit recueil de poèmes

SAM BEAUVALLET

Le petit recueil de poèmes

POÉSIE

ÉDITIONS BoD – Book on Demand
12/14 rond-point des Champs Élysées
75008 Paris

© 2016, Sam Beauvallet
Éditeurs : BoD – Book on Demand,
12/14 rond-point des Champs Élysées 75008 Paris
Impression : BoD – Books on Demand,
Norderstedt, Allemagne

ISBN : 978-2-322-04134-3
Dépôt légal : Octobre 2016

Présentation

Je suis l'écume des vagues,
Qui s'étend sur le sable,
Qui s'abandonne à la terre.

Je suis la dernière étoile,
Qui s'éteint dans la nuit,
Qui reprend tes rêves.

Je suis l'horizon infini,
Que tu ne saisis pas
Et qui s'enfuit un peu plus.

Je suis la rosée du matin,
Qui pétille sur les branches,
Qui d'un léger voile, recouvre les jardins.

Je suis le colibri,
Qui de ses ailes colorées,
Inspire le poète.

Je suis la main qui se pose,
Sur tes joues délicates,
Qui saura balayer, la poussière sur ton cœur

L'insensé

L'insensé nous poursuit
C'est certain à présent

Sans un son et d'un bond
Il s'accroche à l'esprit

L'insensé nous désire
Il nous souffle son soupir

C'est certain à présent
Et nous transpirons de peur

Fusion

Vous êtes là, juste à côté
Je vous regarde et vous me manquez déjà.
Bien avant de partir.

J'aimerais que le temps nous attende
Que le temps se suspende.
Juste maintenant.

Juste en cet instant où nous ne faisons qu'un
Et vous m'enlacez, vous me serrez
Puis, m'embrassez.

Nuances divines

Frivole et libre, elle s'envole au loin
Laissant s'échapper de sa bouche,
Des murmures divins.

Elle transporte nos âmes, torture nos esprits
Laissant idiots nos savants.

Parfois douce et légère, vêtue de sa robe en soie
Elle laisse derrière elle, un doux parfum

Sensuelle et sauvage.
C'est écrit sur ses lèvres ensanglantées ;
« Nul ne me résistera ».

Et finalement, assise sur cette place, seule
Elle est bien triste.
C'est bien dommage.

Vacances au soleil

Il était temps mon amour.
Le temps ne s'est pas joué de nous.
Tendres adieux se sont fait.

Le petit napolitain,
Par nos ombres est marqué.
C'est une bonne chose, je trouve.

La grosse serveuse

Se tient devant moi, une précieuse œuvre
Vêtue il me semble, d'une couronne de roses
Par dessus les vagues de son corps, un tissu blanc cassé
Et une jupe qui danse aux appels de la brise.

Elle porte aussi, un tablier qui encercle sa taille.
Ceci pour marquer, peut-être,
l'épanouissement de son corps.
Ses souliers sont ouverts, on aperçoit ses orteils,
Epuisés par le sol, assoiffés de repos.

Extase

L'ivresse, c'est une caresse
Qui me délivre et me détache
Elle dévoile ce que je ne suis pas
Ôte mes peurs et mes faiblesses

Contre l'une de ses caresses
Je m'abandonne pleine d'envie
L'ivresse séduit, elle me sourit
Elle m'enchante et me ravi.

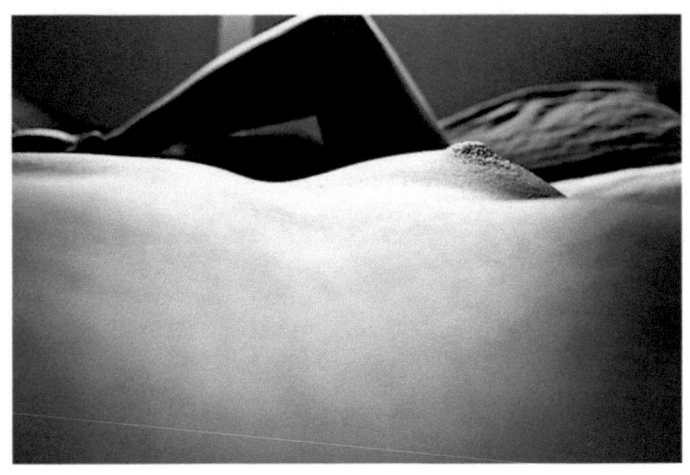

Perte de soi

J'ai perdu mon esprit,
Dans mes tourments et ma folie.

J'ai perdu mon esprit,
Dans mes cauchemars et mon ennui.

J'ai perdu mon âme,
J'ai perdu ma flamme.

J'ai perdu mon cœur,
Dans cette longue insomnie.

Ô toi l'ami !
Vois-tu que je suis parti ?

L'impudique

Le masque tombe au crépuscule.
Je me dévoile à vous messieurs.
Lorsque vos regards limpides touchent ma peau,
Je m'amuse de vous pauvres idiots

Un peu garce, un peu vulgaire
C''est dans toute cette grâce que je me libère.
Devant vos regards ébahis,
Je me mets nue dans votre lit.

Mon appétit est grand,
Ma férocité aussi.
Je vous dévore,
Juste pour un soir.

Le mot

Sur ce chemin, je vagabonde
Cherchant en vain le bout du monde.
Sur un petit pont pivoine
Je croise un jeune homme qui se pavane.
D'un air hâbleur, il m'a séduit,
Alors nous sommes parti.

Nous étions au bord de la mer,
Au petit matin, à l'heure du thé vert,
Je me suis assoupie.
A mon réveil, un petit mot :
« Ma douce, je n'ai pas de mots. »

Monsieur s'était enfui.
Alors je me suis rendormie.

Immersion

Fascinant, foudroyant.
Ce fut un face à face fabuleux.
Debout et fière devant moi,
Cette grande sculpture ce tenait là.
Façonnée. Fait main.

Mes yeux fanfaronnaient,
Mon regard frissonnait,
Sur cette grande fragile.
Fouillant encore chaque détail,
Je restais là, des heures durant.

Tendre mère

C'était vous l'origine.
L'essence même de mes racines.
Je n'oublie pas votre main, et la douceur,
De votre grain.

Je me rappel votre sein,
Du cœur qui chantonne à mon oreille
L'odeur fleurie qui me berçait
Recourbée dans vos tendre bras.

Vous êtes mon origine,
La racine qui me maintient, qui me retient.
Dans mes souvenirs les plus lointains,
Vous savez,
J'hume encore votre parfum.

Appétit

Sur vos lèvres jeune homme
Je m'épanouie tendrement
N'attendant plus que la caresse de vos
mains,
Doucement.,

Je m'exalte devant vous, écoutant le désir,
Qui murmure à l'oreille.
Vous savez, nous pourrions oublier le
sommeil.
Laissons donc cette nuit, nous guider
Vers d'autres rêves

Alors, je parcourrai votre nuque,
J'embrasserai votre buste.
Mes mains, elles, se livreront à des danses
Sensuelles,
Le long de votre corps, affamé.

Obsession

Quand le jour s'évade, que la nuit m'enlace,
Je pense à tout, je pense à toi.
Quand le soleil meurt, que le ciel pleure,
Je pense à tout, je pense à toi.
Quand l'hiver s'approche, qu'il murmure à
l'automne,
Je pense à tout, je pense à toi.

Aussi profond que l'océan veuille me noyer,
Aussi loin que le vent veuille m'emporter,
Où que mes mots t'importent peu,
Je reste là, dans ma vieille chambre.
A t'aimer.
Encore.

Car quand la nuit enlève sib voile,
Quand le jour m'embrasse,
Quand le ciel chante
Quand le printemps jouit, que l'hiver s'est
endormi,
Je pense à tout, je pense à toi.

Sous mes pieds

L'ombre qui trépasse sous mes pieds,
Qui épuise de son geste,
Qui embrasse.
Elle nous prend nous aussi, nous noie dans
la nuit
Se nourrit de l'ennui, de l'obscurité qui nous
nuit.
L'ombre qui trébuche -un peu-
Et qui surtout nous aveugle,
Nous jette son voile comme pour penser,
Notre mal.
L'ombre ici, qui s'en va et qui fuit.
Elle trépasse et moi aussi.

Rêve

Rouges.
Ainsi sont les larmes de tes yeux,
Qui se fraient un chemin sur ta peau pâle et opale.
J'aimerais m'allonger sur ta nuque,
Et t'effleurer de mes cheveux.

L'épicière

Cheveux de soie, noir absolue.
Deux biles à l'emplacement des yeux.
Sont nez est juste,
Droit, délicat.

Ce qui s'évade de ses lèvres rosées,
C'est une rauque et douce voix.
Sublime.

Sa nuque raffinée
Semble douce et parfumée
Tellement belle que j'aimerais m'y
ressourcer.
C'est insensé.

Seuls ses mains sembles abîmées.
Cependant, elles restent belles en un côté.
Charmante, je dirais.

L'épicière du coin de rue,
Est comme une œuvre,
Qui évolue.

Pour mon père

Mon petit vieux et sa sèche à la bouche,
Qu'il ne fume même pas.

Tu as coloré mon monde. Je me sens toujours comme une enfant près de toi. Je m'accroche à nos souvenirs. Et le soleil sera toujours jaune. Et l'herbe sera toujours verte. Et l'amour que je t'offre timidement sera toujours d'une couleur qui n'existe pas, parce qu'elle est trop belle pour être vue par de simples hommes. Je sais que tu me comprends et que tu vois cette couleur.
Tu sais, moi aussi je te connais, et je vois quand tu pleures, quand tu as peur et quand les souvenirs qui font mal, obscurcissent ta belle âme. Mais je suis là. Et avec mon petit cœur d'enfant, je t'envoi tout mon amour et pleins de petits mouchoirs invisibles pour sécher tes larmes invisibles. Nul ne saura, l'immense fierté que j'ai de dire ; c'est lui mon père.
Papa, ne sois pas jaloux si je trouve la personne qui un jour, te demandera ma main. Tu seras toujours le seul amour de ma vie et aucun homme n'aura la place que tu occupes.
    Tu es un père,

je suis ta fille. Nous ne sommes finalement,
que des âmes sœurs. Et ceci n'est pas un
poème. Ce sont les mots d'amour d'une
enfant adressés au plus aimant, au plus beau,
au plus courageux des pères.

Le libanais

Dans les yeux de ce môme,
J'ai vu le monde tout entier,
Pleurant, chantant et riant au sommet de ses pupilles.
Ses longs cils noirs abritaient l'amour et l'effroi.
Piégé dans son regard,
J'ai eu froid, j'ai eu faim.

Dans les yeux de ce môme,
J'ai croisé la haine, dans le noir
Mais dans sa profondeur, j'ai vu des hommes bâtir un nouveau monde
Pour chacun.
Luttant férocement pour la joie
Et arrachés à la vie pour un rien.

Dans les yeux de ce môme,
Derrière les balle de plomb,
Derrière ces murs effondrés
Il y avait la silhouette oubliée
Du véritable.

La belle obscurité de ses yeux,
Envahissait mon cœur.
Et du recoin de ses yeux,
Existait un espoir perlé.